Martina und
Joachim Michalik

Weihnachtliche Bastelstunde

frechverlag

Von Martina und Joachim Michalik sind im frechverlag folgende Bücher erschienen:

TOPP 2374

TOPP 2523

TOPP 2004

TOPP 2267

Fotos: frechverlag GmbH + Co. Druck KG, 70499 Stuttgart;
Fotostudio Ullrich & Co., Renningen

Dieses Buch enthält:
2 Vorlagenbogen

Auflage:	5.	4.	3.	2.	1.	Letzte Zahlen
Jahr:	2004	2003	2002	2001	2000	maßgebend

frechverlag GmbH + Co. Druck KG, 70499 Stuttgart

ISBN 3-7724-2669-7 · Best.-Nr. 2669

Druck: frechverlag GmbH + Co. Druck KG, 70499 Stuttgart

Welche Zeit bietet sich nicht besser zum Basteln und Gestalten an als die Advents- und Weihnachtszeit? Besonders Spaß macht es mit der ganzen Familie zu basteln. Und dazu finden Sie in diesem Buch viele Anregungen. Fangen Sie doch mit dem reich gefüllten Schlitten-Adventskalender an. Am 6. Dezember wird ein Teller gebastelt, in den der Nikolaus Äpfel und Nüsse legen kann.
Oder machen Sie sich eine schöne Dekoration für Ihr Fenster: Wie wär's mit einem festlichen Tannenbäumchen in Windowcolor oder einem Holzbogen mit Kerzen für die Fensterbank? Auch für die Weihnachtspost für liebe Freunde ist mit tollen Kartenvorschlägen gesorgt. Und welches Kind wird nicht schwach bei wunderschönen Traumkugeln, wenn der Schnee um den Schneemann weht? Sie sehen, für Groß und Klein gibt es viele Ideen! Schnell etwas herausgesucht und schon kann die weihnachtliche Bastelstunde beginnen.

Dabei wünschen wir Ihnen viel Spaß!

Martina und Joachim Michalik

Allgemeine Hinweise

Papier und Karton

Papier ist ein Material, das sich gut schneiden und verarbeiten lässt und zudem sehr vielfältig ist. Im Handel sind die verschiedensten Papier- und Kartonarten erhältlich.

Papier schneiden

Einfache Teile können gut mit einer kleinen spitzen Papierschere ausgeschnitten werden. Bei komplizierteren Motiven und vor allem bei Innenausschnitten lohnt sich die Anschaffung eines Cutters mit einer entsprechenden Schneideunterlage. Für exakte, gerade Schnitte benötigen Sie ein Metalllineal mit einer Schneidekante, an der Sie mit dem Cutter entlang schneiden können. Holz- oder Kunststofflineale sind dazu nicht geeignet, da sie viele kleine Kerben bekommen.

Wenn Sie doppelt gelegtes Papier ausschneiden, weil Sie z.B. anderes Papier dazwischenkleben möchten, dann gehen Sie folgendermaßen vor:

Nehmen Sie ein Stück Papier und falten Sie es zusammen. Zeichnen Sie die Vorlage auf und schneiden Sie das Motiv fast ganz aus. Beim Faltknick lassen Sie Ober- und Unterteil noch zusammen, sodass Sie die Teile auf- und zuklappen können. Nach dem Zusammenkleben von Ober- und Unterteil schneiden Sie auch das letzte Stück des Motivs aus. Dieses Vorgehen hat den Vorteil, dass Sie Ober- und Unterteil immer exakt ausschneiden und aufeinander kleben können.

Hologramm-Karton

Hologramm-Karton ist in verschiedenen Farben und Mustern erhältlich. In diesem Buch wird ausschließlich Hologramm-Karton mit Sternenmotiv verwendet. Übertragen Sie die Vorlagen immer auf die Rückseite des Hologramm-Kartons und schneiden Sie ihn ebenfalls von der Rückseite her mit einem Cutter aus. Beachten Sie dabei, dass Sie die Vorlage mit der rechten Seite nach unten auf die Folienrückseite legen, da Sie das Motiv sonst seitenverkehrt ausschneiden würden.

Herstellung von Schablonen

Eine große Hilfe beim Basteln sind Schablonen der Motive. Übertragen (oder kopieren) Sie die gewählte Vorlage vom Vorlagenbogen auf Pappe und schneiden Sie das Motiv aus. Mit dieser angefertigten Schablone können Sie das Motiv sooft Sie wollen auf das entsprechende Papier aufzeichnen, indem Sie mit einem Bleistift leicht an den Konturen entlangfahren. Benutzen Sie unbedingt Pappe oder stärkeres Papier, damit die Schablonen stabil sind und beim Entlangfahren an den Konturen nicht wegrutschen.

Knicken von stärkeren Papieren

Manchmal ist es nötig lange gerade Linien zu knicken. Da dies bei stärkeren Papieren nicht ganz einfach ist, hilft hier ein kleiner Trick: Legen Sie entlang der Faltlinie ein Lineal an und ritzen Sie mit einem Messer ganz leicht die Linie auf ganzer Länge an. Dann knicken Sie das Papier vorsichtig.

Holz

Die Modelle in diesem Buch sind mit einer elektrischen Dekupiersäge ausgesägt worden. Für den Anfang ist jedoch eine Handlaubsäge ausreichend. Schwierig wird es bei Hölzern, die stärker als 1 cm sind, da das Sägen dann mehr Kraft und Geschicklichkeit erfordert.

Die Sägeblätter

Hölzer bis zu einer Stärke von ca. 3 mm werden in der Regel mit Sägeblättern Nr. 2 gesägt (ganz dünne Hölzer auch mit Sägeblättern Nr. 1). Stärkere Hölzer können mit Sägeblättern Nr. 3 und mehr gesägt werden. Probieren Sie aus, mit welchen Blattstärken Sie am besten arbeiten können.

Bohren von Löchern

Um zu verhindern, dass das Holz beim Bohren von Löchern an der Austrittstelle des Bohrers ausreißt, legen Sie ein dickeres Holzstück unter die Bohrstelle. Bohren Sie mit leichtem Druck durch das Holz hindurch in den untergelegten Holzklotz und ziehen Sie den sich weiter drehenden Bohrer langsam wieder zurück.

Bearbeitung ausgesägter Holzteile

Behandeln Sie alle ausgesägten Holzteile vor der weiteren Verarbeitung zunächst mit einem feinen Schleifpapier (Körnung 120 bis 180). Entfernen Sie dabei alle Markierungslinien, die vom Übertragen der Vorlage auf das Holz stehen geblieben sind und die Sie nicht mehr brauchen. Die Kanten und Seiten der einzelnen Holzteile schleifen Sie, soweit nötig, glatt.

Das Leimen

Zum Verleimen von Holzstücken nehmen Sie am besten einen handelsüblichen Holzleim. Spannen Sie das Werkstück zum Abbinden des Leims in Zwingen, damit die Leimung später gut hält. Ganz wichtig ist, dass das Holz dort, wo es geleimt wird, frei von Farbe und Schmutz ist, da die Leimung sonst nicht lange hält.

Farben zum Bemalen von Holz

Der Handel bietet viele verschiedene Farben an, sodass hier nur eine ganz kleine Auswahl vorgestellt werden kann.

HOLZ-PEN®

Mit diesen Farbstiften von Hobbidee® lassen sich Holzarbeiten schnell und einfach bemalen. Sie sind in verschiedenen Stärken erhältlich, sodass auch sehr feine Konturen gut gezogen werden können.

Hochglanzlack auf Wasserbasis

Dieser Lack ist gut deckend und lässt sich sehr leicht mit Wasser wieder aus dem Pinsel auswaschen.

Plakatfarbe, Farbe für Bauernmalerei

Diese Farben sind ebenfalls gut deckend, müssen jedoch abschließend mit einem Klarlack überzogen werden. Die Oberfläche der Holzteile wird durch den doppelten Auftrag von Farbe und Lack sehr glatt.

Reich geschmücktes Bäumchen

Material

- ☆ Tonkarton mit goldenen Sternen in Weiß, Schwarz, Rot, Grün und Blau; der grüne Tonkarton für den Baum muss mindestens die Größe A3 haben
- ☆ Tonkarton in Gold
- ☆ 1 Holzring (Innendurchmesser ca. 4 cm) und rote Farbe zum Bemalen
- ☆ Dünne Goldkordel zum Aufhängen der Päckchen, ca. 5 m lang
- ☆ Nähnadel und weißer Faden
- ☆ Satinband in Rot, 4 mm breit, 4,20 m lang
- ☆ Satinband in Gelb, 4 mm breit, 3,10 m lang
- ☆ Satinband in Blau, 4 mm breit, 3,70 m lang
- ☆ Schwarzer Filzstift, wasserfest

Baum

Schneiden Sie den Weihnachtsbaum einmal aus dem grünen Karton mit den goldenen Sternen aus. Der größere Stern wird einmal, der kleinere 24-mal aus goldenem Tonkarton ausgeschnitten.

Päckchen

Arbeiten Sie 24 Päckchen:
Zwei schwarze Päckchen (Satinbänder: einmal gelb und einmal rot), fünf blaue Päckchen (Satinbänder: einmal rot, zweimal gelb und zweimal blau), fünf grüne Päckchen (Satinbänder: zweimal gelb und dreimal rot), sechs rote Päckchen (Satinbänder: einmal rot, einmal gelb und viermal blau), sechs weiße Päckchen (Satinbänder: einmal gelb, zweimal rot und dreimal blau).
Schneiden Sie die Päckchen aus dem entsprechenden Tonkarton zu und ritzen Sie die Teile entlang der gepunkteten Linien leicht mit einem scharfen Messer an. Knicken Sie diese Teile entlang der gepunkteten Linien nach oben zu kleinen Päckchen. Die angeritzten Linien sollten innen liegen. Innen liegen ebenfalls die vier kleinen Seitenteile, die auf dem Vorlagenbogen durch kleine Kreuze gekennzeichnet sind. An diesen Seitenteilen kleben Sie die Päckchen zusammen.
Füllen Sie die Päckchen mit kleinen Überraschungen und binden Sie sie mit jeweils einem 30 cm langen Stück Satinband zu.
Beschriften Sie die kleinen goldenen Sterne mit dem schwarzen Filzstift mit den Ziffern eins bis 24 und kleben Sie je einen auf die Oberseite jedes Päckchens.
Malen Sie den Holzring mit roter Farbe an und binden Sie ein 80 cm langes rotes Satinband als Aufhänger darum. Am einfachsten lässt sich der Kalender fertigstellen, wenn Sie den Holzring an dem Satinband aufhängen, z.B. an der Türklinke.
Binden Sie den Baum mit einem Stück Goldkordel an dem Holzring fest. Befestigen Sie alle Päckchen mit unterschiedlich langen Goldkordelstücken an dem Holzring. Sie können an einem Goldkordelstück mehrere Päckchen in unterschiedlicher Höhe festbinden (die Päckchen mit den hohen Ziffern gehören nach oben). Ziehen Sie mit der Nähnadel ein Stück weißen Faden durch eine Spitze des größeren goldenen Sterns und hängen Sie ihn in die Mitte des Holzrings.
Wickeln Sie das restliche rote Satinband um den Holzring und um die Goldkordel und binden Sie es zu einer Schleife.
Abschließend binden Sie die übrigen Satinbänder um den Holzring zu Schleifen.

Einfach himmlisch

Material

- ✰ Tonkarton mit goldenen Sternen in Blau, Weiß und Rot
- ✰ Tonpapier in Gold und Rosa
- ✰ Stoff in Gelb, 22 cm x 28 cm
- ✰ 2 Satinbänder in Dunkelblau, ca. 4 mm breit, je 80 cm lang
- ✰ 2 Halbleinenbänder in Weiß, ca. 8 mm breit, je 8 cm lang
- ✰ 1 Holzleiste, 1,5 cm dick, 3,5 cm breit, 34 cm lang
- ✰ 2 Bilderaufhänger mit dazugehörigen Schrauben bzw. Nägeln
- ✰ 2 Ringschrauben, 14 mm x 7 mm
- ✰ Filzstift in Schwarz, wasserfest
- ✰ 6 Servietten in Gelb
- ✰ Zackenschere
- ✰ Dünne Kordel in Gold, 4,5 m lang

Wolke

Schneiden Sie die Wolke einmal aus blauem Tonkarton mit Sternen aus. Kleben Sie auf die Rückseite die Holzleiste (gestrichelte Linie auf dem Vorlagenbogen) und befestigen Sie die beiden Bilderaufhänger an der Holzleiste (jeweils ca. 2,5 cm vom Rand entfernt). Biegen Sie die beiden Ringschrauben etwas auseinander, sodass kleine Haken entstehen und drehen Sie sie von vorne durch die Wolke in die Holzleiste (Kreise mit Punkt in der Mitte auf dem Vorlagenbogen).

Anfertigen eines Engels

Schneiden Sie das Kleid mit den beiden Ärmeln aus weißem Sternchen-Tonkarton, die beiden Flügel und die Haare aus goldenem Tonpapier und Gesicht, Hände und Füße aus rosafarbenem Tonpapier aus. Kleben Sie den Engel zusammen und fertigen Sie den zweiten Engel aus rotem Sternchen-Tonkarton genau gegengleich an.
Bohren Sie mit einer spitzen Schere vier Löcher durch die Wolke (Kreuze auf dem Vorlagenbogen). Nun werden die Satinbänder befestigt, mit denen die Engel den großen Beutel tragen. Ziehen Sie jeweils beide Enden eines Bandes von vorne nach hinten durch ein unteres Loch und wieder von hinten nach vorne durch das darüber liegende Loch. Die unten entstandene Schlaufe legen Sie um die Ringschraube.
Kleben Sie die beiden Engel so auf die Wolke, dass die Hände auf den Löchern mit den Satinbändern liegen. An den jeweils oberen Händen binden Sie die blauen Bänder zu Schleifen.

Säckchen

Schneiden Sie jede der Servietten mit der Zackenschere in vier Teile, sodass Sie insgesamt 24 Stücke erhalten. Die noch glatten Ränder werden ebenfalls zackig geschnitten.
Schneiden Sie die Sternschnuppe zweimal und den Stern 46-mal aus goldenem Tonpapier aus. Beschriften Sie 23 der Sterne mit dem schwarzen Stift mit den Ziffern eins bis 23 und die Sternschnuppe mit der Ziffer 24. Schneiden Sie die Goldkordel in 24 unterschiedlich lange Teile und kleben Sie jeweils ein Ende zwischen zwei Sterne (der rückwärtige Stern ist jeweils unbeschriftet). Das eine Ende des letzten Kordelstücks wird zwischen die beiden Sternschnuppen geklebt.
Packen Sie in jedes Serviettenstück eine kleine Überraschung ein und binden Sie es mit einer Goldkordel so zu, dass die Sternchen lang herunterhängen.
Legen Sie den gelben Stoff rechts auf rechts zu einer Größe von 22 cm x 14 cm aufeinander und nähen Sie die Seiten zu. Sie können dabei die unteren Ecken etwas abschrägen. Wenden Sie den Beutel und

nähen Sie den oberen Rand doppelt nach innen um. Nähen Sie mit den beiden Halbleinenbändern rechts und links Aufhänger an den Beutel und hängen Sie ihn damit an die Ringschrauben.
Füllen Sie den Beutel mit den Überraschungssäckchen; lassen Sie die Sterne dabei heraushängen. Achten Sie darauf, dass Sie die Säckchen mit den hohen Ziffern möglichst nach unten packen.

24 Tage Schlittenfahrt

Material

- ✩ Tonkarton in Gold, Gelb, Rot, Dunkelblau und Dunkelgrün
- ✩ Tonpapier in Gold
- ✩ 10 Holzperlen in Weiß, ø 1 cm
- ✩ Chenilledraht in Gold (5 Stücke, je 40 cm lang)
- ✩ Dünne Goldkordel (24 Stücke, je 30 cm lang)
- ✩ Filzstift in Schwarz, wasserfest
- ✩ Stoff in Rot und Weiß mit goldenen Sternchen für die Beutelchen: 12 Stücke in Rot mit goldenen Sternen und 12 Stücke in Weiß mit goldenen Sternen, je 11 cm x 12 cm groß

Schlitten

Schneiden Sie die Kufen zweimal aus goldenem Tonkarton aus und den Stern 4 siebenmal aus goldenem Tonpapier. Teil 1 wird einmal, die Teile 2 und 3 werden je zweimal aus farbigem Tonkarton ausgeschnitten. Ritzen Sie die langen gepunkteten Linien bei Teil 1 leicht mit einem Messer an.

Für das Schlittenoberteil knicken Sie bei Teil 1 die Zacken entlang der gepunkteten Linien nach oben. Anschließend knicken Sie die Seitenteile entlang der langen gepunkteten und angeritzten Linien ebenfalls nach oben. Kleben Sie die beiden Teile 3 von außen auf die offenen Seiten von Teil 1 (auf die Papierzugaben).

Kleben Sie die Kufen beidseitig außen auf das Schlittenoberteil, sodass dessen Unterkante auf die gepunktete Linie auf den Kufen trifft. Kleben Sie die beiden Teile 2 rechts und links auf das Schlittenoberteil; die Ober- und die Seitenkanten sollten etwas überstehen.

Bohren Sie mit einer spitzen Schere vier Löcher oben durch den Schlitten (Kreise mit

einem Punkt in der Mitte auf dem Vorlagenbogen). Ziehen Sie den Chenilledraht so durch die Löcher, dass er an den Schlittenaußenseiten hängt. Kleben Sie an jedes Ende eine weiße Holzperle und schlingen Sie das Band mit einem einfachen Knoten zusammen.
Kleben Sie abschließend auf jede Schlittenseite drei goldene Sterne. Auf die Schlittenrückseite wird der letzte Stern geklebt.
Fertigen Sie auf diese Weise vier weitere Schlitten an.

Beutelchen:
Arbeiten Sie je 12 Beutelchen aus dem roten und je 12 Beutelchen aus dem weißen Stoff (jeweils 11 cm x 12 cm).
Nähen Sie zuerst die Oberkante des Beutels. Legen Sie die Kante einer 11 cm langen Seite doppelt um, sodass ein ca. 1 cm breiter Saum entsteht. Nähen Sie diesen gut fest. Legen Sie den Stoff rechts auf rechts zusammen, nähen Sie die Seite und den Boden zu und wenden Sie den Beutel. Steppen Sie die Seite und den Boden nochmals von außen ab. Schneiden Sie aus goldenem Tonkarton die Sterne 5 und 6 je 24-mal aus. Beschriften Sie die großen Sterne mit dem schwarzen Stift mit den Ziffern 1 bis 24 und kleben Sie je ein Ende jeder Goldkordel zwischen einen großen und einen kleinen Stern.
Füllen Sie die Beutelchen mit Überraschungen, binden Sie sie mit der Goldkordel zu und verteilen Sie sie in die Schlitten.
Sollte Ihnen die Herstellung der Beutel zu aufwändig sein, können Sie auch die Serviettensäckchen von Seite 8 anfertigen.

Nikolaus, leg was drauf!

Material

- Tonkarton in Gelb
- Tonpapier in Gold, Hellgrün, Dunkelgrün, Dunkelblau, Rot und Violett

Schneiden Sie die Raute achtmal aus goldenem Tonpapier aus und knicken Sie die Teile leicht an den gestrichelten Linien.
Schneiden Sie den Nikolausteller aus gelbem Tonkarton aus. Ritzen Sie auf der Unterseite die gestrichelten Linien leicht an und knicken Sie die Seitenteile ein wenig nach oben, sodass sie sich gegenseitig berühren. Kleben Sie auf jede dieser Berührungsstellen der Seitenteile von außen eine goldene Raute, sodass sie einen stabilen Teller erhalten.
Schneiden Sie aus dunkelgrünem Tonpapier achtmal den Tannenbaum aus.
Knicken Sie die Bäume leicht an den gestrichelten Linien. Kleben Sie auf die Innenseite des Tellers in jede Ecke einen Baum.

(Weiter auf Seite 14)

Leuchte, kleines Licht

(Anleitung Seite 14)

(Fortsetzung von Seite 12)

Schneiden Sie aus goldenem Tonpapier achtmal den Kometen, 16-mal die kleine Schleife, zweimal die mittlere Schleife und zweimal die große Schleife aus. Aus dunkelblauem Tonpapier schneiden Sie vier kleine und ein großes Paket aus, aus rotem Tonpapier sechs kleine und ein großes Paket, aus violettem Tonpapier zwei kleine und ein mittleres Paket und aus hellgrünem Tonpapier vier kleine und ein mittleres Paket.
Kleben Sie die goldenen Schleifen auf die entsprechenden Pakete. Verteilen Sie die kleinen Pakete auf den Seitenteilen des Tellers (zwischen den Bäumen sitzen jeweils zwei Pakete) und kleben Sie sie fest. Über den Päckchen befindet sich auf jedem Seitenteil ein Komet.
Abschließend kleben Sie die großen und mittleren Pakete in der Mitte des Tellers fest. Nun kann der Nikolaus kommen und den Teller füllen!

Leuchte, kleines Licht

(Abbildung Seite 13)

Material für einen Kerzenständer
- Tonkarton in Gold
- Satinband in Rot, 4 mm breit, 30 cm lang
- Engelshaar in Gold
- Teelicht
- Zackenschere
- Klebstoff

Zusätzlich für gelben Kerzenständer
- Tonpapier in Gelb
- Rocailles (kleine Glasperlen) in Rot und Grün

Zusätzlich für grünen Kerzenständer
- Tonpapier in Dunkelgrün
- Rocailles (kleine Glasperlen) in Rot

Schneiden Sie aus goldenem Tonkarton die Bodenplatte des Kerzenständers aus.
Schneiden Sie aus dem gelben bzw. dem grünen Tonpapier entweder den Stern oder die Weihnachtsbäume aus. Ziehen Sie aus dem Engelshaar einige Fäden heraus. Fädeln Sie die Glasperlen in der entsprechenden Farbe einzeln auf die Engelshaarfäden und knoten Sie sie fest. Lassen Sie zwischen den einzelnen Perlen etwa 2,5 cm bis 3 cm Abstand. Wickeln Sie die Perlenfäden nun um den Tonpapierstern bzw. um die Weihnachtsbäume. Je nach Geschmack können Sie noch zusätzliches Engelshaar ohne Perlen verwenden. Kleben Sie den Stern bzw. die Bäume auf die Bodenplatte aus Tonkarton so auf, dass das Engelshaar gut hält.
Schneiden Sie aus dem entsprechenden Tonpapier den Streifen für das Teelicht aus. Für die gezackte Oberkante können Sie eine Zackenschere verwenden. Knicken Sie die großen Spitzen an den gestrichelten Linien um und kleben Sie den Streifen zu einem Ring zusammen (die Spitzen zeigen nach innen). Achtung: Probieren Sie vor dem Zusammenkleben aus, ob Ihr Teelicht wirklich in den Ring passt!
Kleben Sie den Tonpapierring auf die Mitte der Bodenplatte; der Klebstoff wird dabei auf die Unterseiten der großen Spitzen aufgetragen.
Abschließend binden Sie das Satinband um den Tonpapierring und schließen es mit einem Doppelknoten und einer Schleife. Die Enden des Bandes werden zum Schluss schräg abgeschnitten.

Sternenlicht

Material

- ☆ Sperrholz, 6 mm dick, 30 cm x 80 cm
- ☆ Effektspray „Goldglitzer"
- ☆ Teelichter
- ☆ Holzleim
- ☆ Farben zum Bemalen von Holz in Gelb und Dunkelblau

Beachten Sie die Hinweise zum Arbeiten mit Holz auf Seite 4/5.

Sägen Sie aus dem Sperrholz den kleineren Kreis (kleingestrichelte Linie), den größeren Kreis (großgestrichelte Linie) und den Stern (durchgezogene Linie) aus. Achtung: Sägen Sie bei dem Stern noch nicht die runden Innenausschnitte aus! Leimen Sie den Stern auf die größere Holzscheibe auf, so wie es auf dem Vorlagenbogen eingezeichnet ist. Nun sägen Sie die runden Innenausschnitte für die Teelichter aus dem Stern und der darunter befindlichen Platte aus.

Leimen Sie die kleinere Holzscheibe unter die größere Holzscheibe.

Bemalen Sie den Stern und die Ausschnitte für die Teelichter in Gelb und den Rest in Dunkelblau. Besprühen Sie abschließend den kompletten Stern mit einem goldglitzernden Effektspray.

In Blau und Gold

Beachten Sie die Hinweise zum Arbeiten mit Holz auf Seite 4/5.

Serviettenhalter mit blauen Sternen

Material

- Sperrholz, 5 mm dick, 20 cm x 30 cm
- Holzleiste, 1 cm dick, 5 cm breit, 17 cm lang
- Effektspray „Goldglitzer"
- Farben zum Bemalen von Holz in Gold und Blau

Sägen Sie das Seitenteil des Serviettenhalters zweimal und den Stern viermal aus dem Sperrholz aus. Sägen Sie die Holzleiste auf die Länge der Seitenteile zurecht.
Leimen Sie die Seitenteile gegen die Seiten der Holzleiste. Benutzen Sie zum Befestigen Zwingen, damit Sie eine stabile Leimung erzielen.
Bemalen Sie den Serviettenhalter in Gold und die Sterne in Blau (lassen Sie unbedingt die Stellen frei, die noch geleimt werden müssen). Besprühen Sie die Sterne mit goldglitzerndem Effektspray und leimen Sie sie auf den Serviettenhalter.

Serviettenhalter mit goldenen Sternen

Material

- Sperrholz, 5 mm dick, 20 cm x 20 cm
- Holzleiste, 1 cm dick, 5 cm breit, 20 cm lang
- 8 Sterne, 4 mm dick (Holzanhänger von Hobbidee®)
- Spachtelmasse für Holz
- Effektspray „Goldglitzer"
- Farben zum Bemalen von Holz in Gold und Blau

Sägen Sie das Seitenteil des Serviettenhalters zweimal aus dem Sperrholz aus. Sägen Sie die Holzleiste auf die Länge der Seitenteile zurecht.
Leimen Sie die Seitenteile gegen die Seiten der Holzleiste. Benutzen Sie zum Befestigen Zwingen, damit Sie ein stabile Leimung erzielen. Spachteln Sie die Löcher in den Sternen mit der Holzspachtelmasse zu und lassen Sie sie gut trocknen. Leimen Sie jeweils zwei Sterne aufeinander, sodass Sie vier einzelne Sterne übrig behalten.
Bemalen Sie die Sterne goldfarben und den Serviettenhalter blau (lassen Sie unbedingt die Stellen frei, die noch geleimt werden müssen). Abschließend leimen Sie die Sterne auf den Serviettenhalter und besprühen ihn mit goldglitzerndem Effektspray.

Kerzenständer

Material

- Sperrholz, 6 mm dick, 10 cm x 10 cm
- 1 Kerzenhalter aus Holz
- Rundholz, ø 3 mm, 1 cm lang
- Bohrer, ø 3 mm
- Effektspray „Goldglitzer"
- Farben zum Bemalen von Holz in Gold und Blau

Sägen Sie den Stern aus dem Sperrholz aus und bohren Sie mit dem Bohrer in der Mitte ein Loch. Bohren Sie von unten in die Mitte des Kerzenhalters ein ca. 4 mm tiefes Loch.
Bemalen Sie den Kerzenhalter goldfarben und den Stern blau und besprühen Sie den Stern mit goldglitzerndem Effektspray.
Leimen Sie das Rundholz in die Mitte des Sternes und schließlich den Kerzenhalter darauf.

Im Weihnachts-wald

- Vollholz, ca. 1,8 cm dick, 34 cm x 44 cm
- Sperrholz, 3 mm dick, ca. 42 cm x 42 cm
- 7 Kerzenhalter ohne Metalleinsatz und 7 Flachkopfschrauben, 3 mm dick, ca. 2 cm lang oder: 7 Kerzenhalter mit Metalleinsatz und 7 Stücke Blumendraht, ca. 1 mm dick, je 1 cm lang
- 2 Holzdübel, ø 4 mm
- 12 Stücke Blumendraht, ca. 1 mm dick, je 1 cm lang
- 1 kleine Ringschraube, 12 mm x 5 mm
- Bohrer, ø 1 mm, 2 mm und 4 mm
- Satinband in Rot, 4 mm breit, 25 cm lang
- Dünne Goldkordel, 30 cm lang
- Effektspray „Goldglitzer"
- Farben zum Bemalen von Holz in Gold, Grün, Rot, Weiß, Grau, Rosa, Orange, Schwarz, Gelb, Hellgrün und Braun

Bitte beachten Sie die Hinweise zum Arbeiten mit Holz auf Seite 4/5.
Sägen Sie die Bodenplatte und den großen Bogen aus Vollholz aus. Aus dem Sperrholz sägen Sie viermal den kleinen Baum (Nr. 1), viermal den mittleren Baum (Nr. 2), zweimal den großen Baum (Nr. 3), zehnmal den Stern und je einmal den Schlitten und den Nikolaus aus.

(Weiter auf Seite 20)

(Fortsetzung von Seite 18)

Bohren Sie unten in jedes Ende des großen Bogens ein Loch mit dem 4 mm-Bohrer (Pfeilspitzen auf dem Vorlagenbogen) und leimen Sie in jedes so weit einen Holzdübel, dass er noch zur Hälfte herausschaut. Stellen Sie den Bogen auf die Bodenplatte, markieren Sie die Stellen, auf denen die Dübel stehen, bohren Sie dort mit dem 4 mm-Bohrer je ein Loch und stecken Sie den Bogen auf die Bodenplatte. Achtung: Noch nicht festleimen!!!

Kerzenhalter ohne Metalleinsatz

Schrauben Sie die Kerzenhalter mit den Flachkopfschrauben auf die Sterne des Bogens. Bohren Sie die Löcher mit dem 2 mm-Bohrer vor. Da die Schraubenköpfe flach sind, stören sie nicht in den Kerzenhaltern.

Kerzenhalter mit Metalleinsatz

Bohren Sie mit dem 1 mm-Bohrer von unten in die Mitte jedes Kerzenhalters ein Loch (nicht das Metall durchbohren) und leimen Sie ein Stück Blumendraht hinein. Bohren Sie ebenfalls mit dem 1 mm-Bohrer in die Sterne der Bogens, wo die Kerzenhalter aufgesteckt werden sollen, je ein Loch und leimen Sie die Kerzenhalter dort gut auf dem Bogen fest.
Nun werden die Sperrholzteile zusammengeleimt und bemalt. Achten Sie unbedingt darauf, dass die Stellen, an denen geleimt wird, frei von Farbe sind, da die Leimung sonst nicht hält. Die Ebene vor dem großen Bogen ist auf dem Vorlagenbogen gestrichelt eingezeichnet, die Ebene hinter dem Bogen gepunktet.

Bemalen Sie zunächst den eigentlichen Schwibbogen (gold), den Nikolaus, den Schlitten und die Sterne und besprühen Sie die Sterne mit goldglitzerndem Effektspray. Drehen Sie die Ringschraube in die hintere Hand des Nikolauses (Pfeil auf dem Vorlagenbogen).
Die einzelnen Teile werden auf dem Boden des Schwibbogens mithilfe von Blumendraht festgesteckt und festgeleimt, damit sie stabil halten. Bohren Sie dazu mit dem 1 mm-Bohrer in den Boden jedes Sperrholzteils (außer den Sternen) je ein ca. 5 mm tiefes Loch.

Vordere Ebene

Leimen Sie die beiden linken Bäume zusammen (der kleine hinter den größeren), bemalen Sie sie und befestigen Sie einen Stern darauf, den Nikolaus dahinter. Bemalen Sie den rechten Baum und leimen Sie einen Stern darauf, den Schlitten dahinter. Leimen Sie fünf Sterne auf dem großen Bogen fest.

Hintere Ebene

Leimen Sie die sechs linken Bäume zusammen (auf dem Vorlagenbogen ist zu sehen, wie die Bäume hintereinander stehen), bemalen Sie alle sieben Bäume dieser Ebene und leimen Sie die drei restlichen Sterne auf.

Fertigstellung

Leimen Sie in die Löcher der einzelnen Teile je ein Stück Blumendraht und zeichnen Sie auf der Bodenplatte an, wo die entsprechenden Löcher gebohrt werden müssen. Entfernen Sie den Bogen von der Bodenplatte, bohren Sie mit dem 1 mm-Bohrer die Löcher in diese Platte und leimen Sie den Bogen endgültig auf der Platte fest.
Stecken Sie alle Teile auf die Bodenplatte und leimen Sie sie gleichzeitig sowohl am Boden als auch einige Teile am Bogen fest. Abschließend binden Sie den Sack auf dem Schlitten mit der Goldkordel zu, ziehen das rote Satinband durch die Ringschraube und um den Schlitten und knoten es zusammen.

Alles in Regenbogenfarben

Material

- Tonpapier in Silber
- Regenbogen-Tonkarton
- Kordel in Silber
- Locher

Schneiden Sie die Kugeln aus doppelt gelegtem Tonpapier aus, legen Sie Regenbogen-Tonkarton in passender Größe dazwischen und kleben Sie die Kugeln zusammen. Stanzen Sie mit dem Locher ein Loch zum Aufhängen in die Kugeln, ziehen Sie ein Stück Silberkordel hindurch und knoten Sie es zusammen.

Weihnachtliches zum Anhängen

Material

- Tonkarton in Silber
- Glanzpapier in Weiß, Gelb, Gold, Rot, Blau, Hell- und Dunkelgrün
- Kordel in Silber
- Locher

Schneiden Sie die Christbaumkugeln aus silbernem Tonkarton aus.

Kugel mit Sternen

Schneiden Sie den großen Stern je einmal aus gelbem, rotem, hellgrünem und dunkelgrünem Glanzpapier aus. Der kleine Stern wird siebenmal aus blauem Glanzpapier zugeschnitten.
Kleben Sie zunächst den gelben und den hellgrünen Stern auf, anschließend den dunkelgrünen, dann den roten und zum Schluss die blauen.

Kugel mit Tannenbäumen

Schneiden Sie den Schneeboden und die Eiszapfen je einmal aus weißem, den Kometen einmal aus gelbem und den Tannenbaum viermal aus dunkelgrünem Glanzpapier zu.
Kleben Sie nacheinander den Boden, die Eiszapfen, die Bäume und den Kometen auf.

Kugel mit Glocken

Schneiden Sie die Schleife einmal aus rotem, die eine Glocke (1) einmal aus blauem, die andere Glocke (2) einmal aus dunkelgrünem und den Stern je fünfmal aus gelbem und aus goldenem Glanzpapier aus.

Kleben Sie nacheinander die grüne Glocke mit den beiden goldenen Sternen, die blaue Glocke mit den drei goldenen Sternen und die rote Schleife auf.
Abschließend werden die gelben Sterne auf der Kugel verteilt und festgeklebt.

Kugel mit Kerze

Schneiden Sie den Tannenzweig aus dunkelgrünem, den Kerzenhalter aus rotem, die Kerze aus blauem und die Flamme und den Strahlenkranz aus gelbem Glanzpapier aus. Kleben Sie nacheinander Tannenzweig, Kerzenhalter, Kerze, Flamme und Strahlenkranz auf.

Abschließend stanzen Sie mit dem Locher ein Loch zum Aufhängen in jede Christbaumkugel, ziehen ein Stück Silberkordel hindurch und knoten es zusammen.

TIPP Die Rückseite der Kugeln kann genauso wie die Vorderseite verziert werden, damit sie am Weihnachtsbaum, wenn sie frei hängen und sich drehen schön aussehen.

Hier glitzert's und funkelt's

(Anleitung Seite 26)

Hier glitzert's und funkelt's

(Abbildung Seite 24/25)

Karten

Material

- Tonpapier in Dunkelblau und Dunkelrot
- Hologramm-Karton „Sterne" in Silber

Für eine Karte schneiden Sie aus dem entsprechenden Tonpapier ein Stück der Größe 20 cm x 21 cm aus. Falten Sie die Karte in der Mitte zusammen, sodass sie eine fertige Größe von 20 cm x 21 cm hat.

Schneemann

Schneiden Sie den Schneemann und die Schneekristalle (3x) aus Hologramm-Karton aus und kleben Sie die Motive entsprechend dem Vorlagenbogen auf die Karte.

Engel

Schneiden Sie den Engel, den Sternenberg und den Stern (15-mal) aus Hologramm-Karton aus. Kleben Sie die Motive entsprechend dem Vorlagenbogen auf die Karte.

Achtzackiger Stern

Schneiden Sie den Stern mit einem Cutter so aus, dass Sie fünf Sterne erhalten, die genau ineinander passen. Kleben Sie diese Sterne entsprechend dem Vorlagenbogen auf die Karten.

16-zackiger Stern

Schneiden Sie den Stern zweimal mit einem Cutter so aus, dass Sie je vier Sterne erhalten, die genau ineinander passen. Kleben Sie die Sterne entsprechend dem Vorlagenbogen auf die Karte.

Geschenkanhänger

Material

- Tonpapier in Dunkelblau, Dunkelgrün und Rot
- Hologramm-Karton „Sterne" in Silber
- Kordel in Silber
- Locher

Schneiden Sie das Anhänger-Kärtchen aus dem entsprechenden Tonpapier aus, falten Sie es in der Mitte entlang der gestrichelten Linie und stanzen Sie mit dem Locher ein Loch in die obere linke Ecke.
Aus dem Hologramm-Karton schneiden Sie die Motive aus und kleben sie auf den Anhänger (siehe Vorlagenbogen).
Abschließend ziehen Sie ein Stück Kordel durch das Loch und knoten es zusammen.

Bunter Schneespaß

Material

- Tonpapier in Schwarz
- Regenbogenkarton
- Kleine ausgestanzte Sternchen in Gold

Für eine Karte schneiden Sie aus dem schwarzen Tonpapier ein Stück der Größe 20 cm x 21 cm aus. Übertragen Sie die Vorlage auf dieses Stück Tonpapier, wobei Sie die Vorlage an der 21 cm langen Seite anlegen. Die gestrichelte Linie liegt genau in der Mitte des Tonpapiers.
Schneiden Sie das Motiv aus und knicken Sie die Karte in der Mitte entlang der gestrichelten Linie zusammen. Falten Sie die Karte wieder auseinander und kleben Sie ein passendes Stück Regenbogenkarton dahinter.

Abschließend können Sie noch Goldsternchen auf der Kartenvorderseite verteilen. Wenn Sie der Regenbogenkarton auf der Karteninnenseite stört, kleben Sie einfach ein rechteckiges Stück schwarzes Tonpapier darauf.

Weihnachtliche Tropfen

Material für goldene Anhänger
- ☆ Tonpapier in Dunkelgrün und Gelb
- ☆ Hologramm-Karton „Sterne" in Gold
- ☆ Dünne Goldkordel
- ☆ Locher

Material für silberne Anhänger
- ☆ Tonpapier in Dunkelblau, Dunkelrot und Silber
- ☆ Hologramm-Karton „Sterne" in Silber
- ☆ Dünne Silberkordel
- ☆ Locher

Achtung: Hologramm-Karton bitte unbedingt mit einem Cutter von der Rückseite schneiden!

Jeder Tropfen ist so auf den Vorlagenbogen gezeichnet, dass Sie zwei verschiedene Anhänger anfertigen können (ein Anhänger erhält alle Teile mit der Nummer 1, der andere alle Teile mit der Nummer 2). Sie können auch einen Anhänger derart gestalten, dass Sie die Vorderseite mit den Teilen 1 und die Rückseite mit den Teilen 2 bekleben.

Anfertigen der Anhänger

Schneiden Sie aus dem entsprechenden Tonpapier Tropfen aus. Schneiden Sie aus dem passenden Hologramm-Karton ebenfalls die Tropfen aus. Der Tropfen wird dann in die einzelnen Teile auseinander geschnitten. Kleben Sie die Hologramm-Teile auf die Tonpapiertropfen. Stanzen Sie mit einem Locher in das obere Tropfenende ein Loch, ziehen Sie ein Stück passende Kordel durch und knoten Sie diese zu einer Schlaufe zusammen.

Raffiniertes

- Ramieband in Natur, Goldgelb und Rot, 1 cm breit
- Holzperlen in Hellbraun, Dunkelbraun und Rot, ø 8 mm
- Wäscheklammern
- Faden in Weiß
- Alleskleber

Mit Ramieband (Bastfaser) lassen sich sehr schöne Anhänger für Christbaum und Weihnachtszweige herstellen. Ihrer Fantasie sind dabei keine Grenzen gesetzt.
Achten Sie beim Kleben darauf, dass Sie die Klebestellen gut und lange zusammendrücken. Am besten klemmen Sie sie mit einer Wäscheklammer zum Trocknen zusammen.

Dreifache Tropfen
Sie benötigen drei Stücke Ramieband in den Farben Ihrer Wahl, in den Längen 9 cm, 11 cm und 14 cm.
Kleben Sie zuerst das kürzeste Stück zu einem Tropfen zusammen und anschließend die beiden längeren Stücke darum.

Zweifache Tropfen mit einer Holzperle
Kleben Sie ein Stück Ramieband (11 cm) zusammen und anschließend ein weiteres Stück (15 cm) darum. Kleben Sie abschließend eine Holzperle in die Mitte.

Großer Anhänger mit einer Holzperle
Für die Tropfen benötigen Sie Ramieband in den Farben Ihrer Wahl: einmal 14 cm lang, zweimal 11 cm lang und zweimal 8 cm lang. Kleben Sie die Teile zu fünf einzelnen Tropfen zusammen. Anschließend kleben Sie die mittleren Tropfen beidseitig auf den großen Tropfen und dann die beiden kleinen Tropfen seitlich darauf.
Für die Ringe benötigen Sie zwei 9 cm lange Stücke und ein 7 cm langes Stück. Stellen Sie drei einzelne Ringe her.
Kleben Sie die beiden größeren Ringe seitlich auf die Tropfen und den kleinen Ring darüber. Abschließend wird eine Holzperle in den kleinen Ring geklebt.

Großer Anhänger mit zwei Holzperlen
Für die Tropfen benötigen Sie Ramieband in den Farben Ihrer Wahl: einmal 14 cm, einmal 11 cm und viermal 9 cm lang.
Kleben Sie aus einem 9 cm langen Stück einen Tropfen und aus den 11 cm und 14 cm langen Stücken je einen Tropfen herum. Kleben Sie zwei Stücke (9 cm) zu einzelnen Tropfen zusammen und diese dann beidseitig auf den dreifachen Tropfen. Kleben Sie das letzte Stück (9 cm) als Schlaufe an den Anhänger.
Kleben Sie zwei Stücke Ramieband (jeweils 8 cm) zu Ringen zusammen. Diese werden anschließend beidseitig auf den Anhänger geklebt.
Kleben Sie zum Schluss noch in jeden Ring eine Holzperle.

Zum Aufhängen wird durch jeden Anhänger ein Stück Faden gezogen und zusammengeknotet.

Sterne - einfach metallisch!

(Abbildung Seite 33 und 35)

Material

- ✰ Dünne Metallfolie
- ✰ Feiner Prägestift
- ✰ Dicke, zusammengefaltete Zeitung zum Unterlegen (sie muss bei Druck nachgeben)
- ✰ Klebestreifen
- ✰ Dicke Nadel mit Spitze für Löcher
- ✰ Kleine, spitze Schere
- ✰ Evtl. dünne Handschuhe um störende Fingerabdrücke auf der Folie zu vermeiden

Zusätzlich für die goldenen Sterne

- ✰ Dünne Goldkordel zum Aufhängen

Zusätzlich für die silbernen Sterne

- ✰ Dünne Silberkordel zum Aufhängen
- ✰ Faden in Dunkelblau
- ✰ Dünne Nähnadel

TIPP Verwenden Sie für die Sterne einen möglichst feinen Prägestift, damit Sie schöne Linien und Punkte erhalten. Ersatzweise können Sie zum Prägen eine Stricknadel verwenden, diese lässt sich jedoch nicht gut festhalten.

Herstellung eines Sterns

Kopieren Sie die Sternenvorlage vom Vorlagenbogen auf normales Papier.
Kleben Sie die Papiervorlage an den Rändern mit Klebestreifen auf der Metallfolie fest. Legen Sie die Metallfolie mit der aufgeklebten Vorlage nach oben auf eine dicke Zeitung.
Fahren Sie mit dem Prägestift mit Druck auf den Linien der Papiervorlage entlang. Drücken Sie so fest, dass die Vorlage nicht zerreißt, die Metallfolie jedoch eingedrückt wird.
Löcher, z.B. zum Durchziehen des Fadens bei den silbernen Sternen oder zum Durchziehen einer Kordel zum Aufhängen, fertigen Sie folgendermaßen an: Stechen Sie mit einer Nadel an der gewünschten Stelle ein kleines Loch in die Folie. Das Loch wird ganz am Schluss auf die gewünschte Größe erweitert.
Abschließend wird die Vorlage von der Folie entfernt und der Stern mit einer spitzen Schere knapp entlang der äußeren Prägelinie ausgeschnitten.
Jetzt werden eventuell gestochene Löcher auf die gewünschte Größe erweitert. Bohren Sie vorsichtig die Spitze einer dicken spitzen Nadel von der rechten Seite des Sterns her in das kleine Loch. Durch das Hin- und Herbewegen der Nadel wird das Loch erweitert.

Goldene Sterne

Stellen Sie die Sterne wie oben beschrieben her. Die Aufhängelöcher zum Durchziehen der Goldkordel sind auf dem Vorlagenbogen in einer Sternspitze durch einen Kreis mit einem Punkt in der Mitte eingezeichnet.

(Weiter auf Seite 34)

(Fortsetzung von Seite 32)

Silberne Sterne

Fertigen Sie zunächst die Sterne wie auf Seite 32 beschrieben an. Auf dem Vorlagenbogen sind auf den Sternen dicke und dünne Punkte aufgezeichnet. An den Stellen mit den dicken Punkten werden Löcher in die Folie gearbeitet (siehe oben). Sie müssen so groß sein, dass eine Nähnadel mit Faden hindurch passt. Die Sterne sind auf dem Vorlagenbogen mit den Ziffern 1 bis 4 gekennzeichnet. Der blaue Faden muss mit einer dünnen Nähnadel folgendermaßen durch die Sterne gezogen werden:

Stern 1

Durch das Loch bei Pfeil 1 ziehen Sie den Faden von hinten nach vorne durch den Stern und durch das Loch bei Pfeil 2 wieder nach hinten. Wiederholen Sie das Ganze jeweils um ein Loch versetzt im Uhrzeigersinn, bis der Stern fertig ist.

Stern 2

Durch das Loch bei Pfeil 1 ziehen Sie den Faden von hinten nach vorne durch den Stern und durch das Loch bei Pfeil 2 wieder nach hinten. Ziehen Sie den Faden durch das Loch bei Pfeil 1 nach vorne und durch das Loch bei Pfeil 3 wieder nach hinten. Führen Sie den Faden auf diese Weise auch durch die Löcher bei den Pfeilen 4 bis 7. Wiederholen Sie das Ganze jeweils um eine Sternenzacke versetzt im Uhrzeigersinn, bis der Stern fertig ist.

Stern 3

Beachten Sie bei diesem Stern, dass Sie ihn zum Durchziehen der Fäden mit der Rückseite nach oben vor sich nehmen, da er nicht symmetrisch ist. Bei den anderen Sternen spielt es keine Rolle, von welcher Seite Sie arbeiten.

Durch das Loch bei Pfeil 1 ziehen Sie den Faden von hinten nach vorne durch den Stern und durch das Loch 2 wieder zurück. Ziehen Sie den Faden durch das Loch bei Pfeil 1 nach vorne und durch das Loch bei Pfeil 3 wieder nach hinten. Führen Sie den Faden auf diese Weise auch durch das Loch bei Pfeil 4. Wiederholen Sie das Ganze jeweils um eine Sternenzacke versetzt im Uhrzeigersinn, bis der Stern fertig ist.

Stern 4

Durch das Loch bei Pfeil 1 ziehen Sie den Faden von hinten nach vorne durch den Stern und durch das Loch bei Pfeil 2 wieder nach hinten. Ziehen Sie den Faden durch das Loch bei Pfeil 1 nach vorne und durch das Loch bei Pfeil 3 wieder nach hinten. Führen Sie den Faden auf diese Weise auch durch das Loch bei Pfeil 4. Wiederholen Sie das Ganze jeweils um eine Sternenzacke versetzt gegen den Uhrzeigersinn, bis der Stern fertig ist.

Die Fäden werden auf der Rückseite der Sterne verknotet.
Abschließend bekommt jeder Stern noch einen Aufhänger aus dünner Silberkordel durch ein Loch in einer Sternenspitze gezogen.

Kranz aus Ilexblättern

Material

- ✰ Tonkarton in Dunkelgrün
- ✰ Tonpapier in Dunkelgrün und Gold
- ✰ Satinband in Rot, 4 mm breit, 80 cm lang
- ✰ 30 Holzperlen in Rot, ø 8 mm
- ✰ 28 kleine gelbe Rocailles (kleine Glasperlen)
- ✰ Kupferdraht, ø ca. 0,4 mm
- ✰ Kleine, spitze Zange

Schneiden Sie den Ring als Träger für die Blätter aus dem grünen Tonkarton aus. Knoten Sie das Satinband so um den Ring, dass Sie oben eine große Schlaufe zum Aufhängen erhalten und die beiden Enden lang hängen bleiben.

Anbringen des Satinbandes zum Aufhängen des Kranzes

Anfertigen der Ilex-Beeren

Es werden fünf verschiedene Beerenbündel angefertigt: ein Bündel mit sieben Beeren, ein Bündel mit sechs Beeren und drei Bündel mit je fünf Beeren.

Führen Sie den Kupferdraht von unten durch eine rote und eine gelbe Perle und wieder von oben zurück durch die rote Perle. Ziehen Sie den Draht mit der Zange fest, sodass die gelbe Perle fest auf der roten sitzt. Fädeln Sie ebenso die gewünschte Anzahl von Perlen auf, möglichst dicht aneinander.

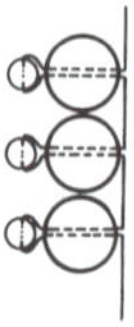

Anfertigen der Beeren für den Kranz

Biegen Sie die Perlenschnur zusammen und verdrehen Sie die beiden Drähte ganz dicht an den Perlen ca. viermal miteinander.

Fertigstellen des Kranzes

Schneiden Sie das große Ilexblatt viermal aus goldenem und neunmal aus grünem Tonpapier zu. Das kleine Blatt wird einmal aus dem goldenen Tonpapier ausgeschnitten.

Die Positionen der Blätter auf dem Kranz sind auf dem Vorlagenbogen markiert (goldenes Blatt: gepunktete Linie; grünes Blatt: gestrichelte Linie). Die Reihenfolge des Aufklebens ist mit Zahlen angezeigt.

Nach dem Aufkleben des ersten Blattes wird das Bündel aus sieben Beeren auf dem Kranz befestigt. Stecken Sie die Drahtenden durch den Kranz (Kreis mit Punkt in der Mitte auf dem Vorlagenbogen; evtl. mit einer spitzen Schere ein Loch vorbohren). Biegen Sie den Draht so zurecht, dass die Beeren später über das zweite Blatt hängen. Biegen Sie die beiden Drahtenden auf der Kranzrückseite auseinander.

Nach dem vierten und fünften Blatt werden Bündel aus je fünf Beeren befestigt, sodass sie unter dem nächsten Blatt hervorschauen. Nach dem zehnten Blatt wird das Bündel aus sechs Beeren angebracht und nach dem elften Blatt das letzte Bündel mit fünf Beeren.

Abschließend wird das kleine goldene Blatt aufgeklebt und auf die Satinbandenden je eine rote Perle aufgefädelt. Die Bandenden werden auf die passende Länge gekürzt und mit einem Knoten versehen.

Auf der Kranzrückseite können Tonpapierreste auf die Drähte geklebt werden, damit die Beeren sicher halten.

Transparenter Kerzenschein

Material :

- ✫ Tonpapier in Schwarz
- ✫ Transparentpapier in Gelb, Rot und Dunkelgrün
- ✫ Faden in Weiß
- ✫ Nadel

Legen Sie das Tonpapier doppelt und schneiden Sie die Kerze aus.
Kleben Sie das passend zugeschnittene Transparentpapier auf das untere Tonpapier.
Kleben Sie das obere Tonpapier genau auf das untere. Ziehen Sie mit der Nadel ein Stück Faden durch die obere Spitze des Kerzenscheins und knoten Sie es zusammen.

Eisig kalt

Material

- ☆ Tonpapier in Schwarz
- ☆ Strohseide in Weiß, Hellblau, Dunkelblau, Orange und Rot

Schneiden Sie aus doppelt gelegtem Tonpapier einmal den Schneemann und dreimal den Schneekristall aus. Kleben Sie die zugeschnittene Strohseide auf die untere Lage Tonpapier und dann die obere Tonpapierlage darauf. Der Schneemann und der Boden werden weiß, die Mütze rot, der Schal dunkelblau und die Nuss orange. Die Schneekristalle werden mit weißer und hellblauer Strohseide gefüllt.

Tannenbäumchen in festlichem Glanz

Material

- ☆ Windowcolor-Farbe in Gold, Gelb, Rot, Braun, Hellgrün, Hellblau, Dunkelblau und Transparent
- ☆ Konturenfarbe in Schwarz und Gold
- ☆ Kleine goldene Metallsternchen
- ☆ Metalldüse zum Aufsetzen auf die Konturenfarbflasche
- ☆ Evtl. eine kleine Plastikflasche zum Umfüllen der Konturenfarbe (z.B. Flasche für Gutta im Seidenmalerei-Zubehör)
- ☆ Malfolie (aus PE) oder Klarsichthülle
- ☆ Weiches Papier, z.B. Haushaltstücher
- ☆ Nadel, Zahnstocher

Schieben Sie die Papiervorlage in eine saubere Klarsichthülle
Tragen Sie die Konturenfarbe entlang der Linien der Vorlage auf die Klarsichthülle auf und lassen Sie sie trocknen. Der Weihnachtsbaum und die Bänder für die Geschenke werden mit goldener Konturenfarbe aufgetragen.
Malen Sie die Innenflächen des Motivs mit den Windowcolor-Farben satt aus und lassen Sie sie ebenfalls gut trocknen. Beim Auftragen des durchsichtigen Hintergrundes werden kleine goldene Sternchen in die nasse Farbe gedrückt.
Sobald das Bild trocken ist, können Sie es von der Klarsichthülle abziehen und am Fenster anbringen. Bitte beachten Sie zu den Trockenzeiten der Farben immer die Herstellerangaben!

TIPP Klarsichthülle: Fertigen Sie auf jeden Fall eine Arbeitsprobe an und prüfen Sie, ob sich das Bild problemlos von der Klarsichthülle abziehen lässt. Bei ganz glatten Sichthüllen kann es Probleme geben.

Auftragen der Konturenfarbe

Die Konsistenz der Konturenfarbe ist von Hersteller zu Hersteller unterschiedlich. Um gleichmäßige und gerade Linien zu bekommen ist es sinnvoll eine Metalldüse auf die Flasche zu setzen. Die Stärke der zu verwendenden Düse hängt von der Dickflüssigkeit der Farbe ab. Sie muss sich mit leichtem Druck durch die Düse drücken lassen. Wenn sich auf Ihre Flasche keine Metalldüse aufsetzen lässt, bzw. die Düse nicht richtig hält, dann können Sie die Farbe in ein kleines Plastikfläschchen mit einer dünnen Spitze umfüllen (gibt es für Gutta beim Seidenmalerei-Zubehör zu kaufen), auf das sich die Metalldüse gut aufschrauben lässt und mit dem sich sehr gut arbeiten lässt. Reinigen Sie die Düse nach jedem Gebrauch gründlich, damit sie nicht verstopft.

Auftragen der Farbe

Tragen Sie die Farbe innerhalb der mit Konturenfarbe gezeichneten Flächen auf und verteilen Sie sie gleichmäßig bis an den Rand. Bei kleinen Flächen können Sie dazu eine Nadel oder einen Zahnstocher verwenden. Gehen Sie nicht zu sparsam mit der Farbe um. Die Farbe ist beim Auftragen auf die Klarsichthülle nicht transparent. Mit dem Trocknen wird sie nach und nach durchsichtig. Wenn Sie sich „vermalt" haben, können Sie die nasse Farbe mit einem Haushaltstuch wegwischen. Eine andere Möglichkeit ist die Farbe zunächst trocknen zu lassen und dann das zu entfernende Stück mit einem Cutter abzutrennen und abzuziehen.

Auf der Piste

Material

- ☆ Windowcolor-Farbe in Rot, Gelb, Hellgrün, Dunkelblau, Weiß und Transparent
- ☆ Konturenfarbe in Schwarz

Weitere Materialien siehe Liste auf Seite 40.

Bevor Sie den durchsichtigen Hintergrund auftragen, tupfen Sie mit weißer Farbe Schneeflocken auf und lassen sie gut trocknen. Nach dem Trocknen der durchsichtigen Hintergrundfarbe werden nochmals Schneeflocken aufgetupft. Wenn die Hintergrundfarbe beim Trocknen kleine Risse bekommen sollte, dann tupfen Sie dort einfach Schneeflocken auf.
Beachten Sie auch den Text auf Seite 40.

Shake it!

Nikolaus

(Anleitung Seite 44 und 46)

Shake it!

(Abbildung Seite 43 und 45)

Material:

- Leere Traumkugel, ø 9 cm, Höhe 7,5 cm
- Wasserfester, klarer Klebstoff, z.B. Montagekleber, UHU plast
- FIMO® in verschiedenen Farben
- Destilliertes Wasser
- Zahnstocher
- Messer
- Spülmittel
- Kleiner Trichter

Für den Schneemann

- Schnee für Traumkugel (Traumkugelzubehör)

Für den Nikolaus

- Goldfäden für Traumkugel (Traumkugelzubehör)

Die Figuren in den Traumkugeln werden aus FIMO® hergestellt.
FIMO® ist eine knetartige Masse, die sich gut verarbeiten lässt und im Backofen gehärtet wird. Eine genaue Gebrauchsanleitung ist auf jeder Packung zu finden.
Achten Sie bei der Verarbeitung von FIMO® darauf, dass das ungehärtete Material nicht mit der Traumkugel in Berührung kommt, da es auf dem Kunststoff Spuren hinterlassen kann. Fertigen Sie das Motiv nicht zu groß an, da es später durch das Wasser in der Kugel optisch vergrößert wird.
Nach der Härtung des FIMO®-Motivs im Backofen wird dieses auf dem Boden der Traumkugel gut festgeklebt. Zum Schließen der Traumkugel bestreichen Sie den unteren Rand des Kugeldeckels rundherum mit Klebstoff und setzen ihn fest auf den Boden. Lassen Sie die Kugel über Nacht trocknen, bevor Sie sie füllen.
Zum Füllen der Traumkugel stellen Sie diese am besten umgedreht in eine Tasse oder ein Glas. Geben Sie fast bis zum Rand destilliertes Wasser hinein. Schütten Sie den Schnee bzw. die Goldfäden in eine kleine Schüssel und mischen Sie sie gut mit ein bis zwei Tropfen Spülmittel. Füllen Sie diese Mischung ebenfalls in die Traumkugel. Diese wird ganz mit destilliertem Wasser aufgefüllt. Zum Schluss wird die Traumkugel mit dem Stöpsel verschlossen. Wenn der Schnee klumpt oder nicht richtig zu Boden sinkt, haben Sie zu wenig Spülmittel verwendet.

Nikolaus (Abbildung Seite 43)
Für den Nikolaus fertigen Sie aus rotem FIMO® den Nikolausmantel an, den Sie mit einem weißen FIMO®band besetzen. Die Füße aus braunem FIMO® werden darunter festgedrückt. Formen Sie eine hautfarbene Kugel für den Kopf und setzen Sie diese auf den Mantel. Kleben Sie einen weißen Bart und weiße Haare daran. Darauf kommt die rote Nikolausmütze mit einem weißen Bommel an der Spitze. Die Augen werden aus zwei kleinen schwarzen plattgedrückten Kugeln gefertigt, der Mund aus einer kleinen roten und plattgedrückten Kugel. Für die Nase werden mit einem Zahnstocher zwei kleine Löcher ins Gesicht gedrückt. Zum Schluss fehlen nur noch die roten Mantelärmel mit hautfarbenen Händen. Die Übergänge vom Mantel zu den Händen werden mit zwei kleinen weißen Rollen umwickelt.
Fertigen Sie den braunen Nikolaussack und drei kleine viereckige Geschenkpäckchen an. Rollen Sie aus FIMO® möglichst dünne Rollen und binden Sie damit

(Weiter auf Seite 46)

(Fortsetzung von Seite 44)

Sack und Geschenke zu. Für den Weihnachtsbaum stellen Sie aus grünem FIMO® sechs Kreise her, in deren Ränder Sie mit einem Messer Zacken schneiden. Stellen Sie einen flachen braunen Baumstamm her und setzen Sie darauf die grünen Scheiben.
Die oberste Scheibe sollte etwas kleiner sein und eine kleine Spitze haben. Fertigen Sie rote Christbaumkugeln an und verteilen Sie sie auf dem Baum.
Abschließend wird noch ein gelbes Band um den Baum gewickelt.
Als Dekomaterial werden für diese Kugel Goldfäden verwendet.

Schneemann

Fertigen Sie zwei unterschiedlich große weiße Kugeln für Kopf und Körper an und setzen Sie diese aufeinander. Setzen Sie zwei schwarze Knöpfe auf den Bauch, zwei schwarze Augen und eine rote Karottennase ins Gesicht. Jetzt fehlt dem Schneemann nur noch ein schwarzer Hut und ein langer roter Schal.
Abschließend setzen Sie den Schneemann auf zwei Schier.
Als Dekomaterial wird für diese Kugel weißer Schnee verwendet.

Stille Nacht

Material:

- 2 Kissenhüllen in Dunkelblau aus möglichst glattem Stoff, ca. 40 cm x 40 cm
- Kopierpapier (für Näharbeiten)
- Stricknadel
- Mittelstarke Pappe
- TEX-PEN Fashion in den Farben Gold, Silber, Bronze, Weiß, Gelb, Orange, Rot, Braun, Grün und Schwarz (Hobbidee®)

Die Vorlagen passen gut auf 40 cm x 40 cm große Kissenbezüge. Etwas Rand verbleibt dabei an allen Seiten.
Übertragen Sie die entsprechende Vorlage auf den Kissenbezug. Dafür wird das Kopierpapier mit der färbenden Seite nach unten auf den Bezug und die Vorlage darauf gelegt. Fahren Sie mit einer Stricknadel die Konturen nach, sodass das Motiv auf den Stoff gedrückt wird. Der gepunktete Rand wird nicht übertragen; er ist lediglich eine Orientierungshilfe.
Legen Sie in den Kissenbezug ein Stück Pappe, damit die Farbe nicht durch den Stoff hindurch färbt. Nun wird der Kissenbezug mit den Farbstiften bemalt. Lassen Sie ihn über Nacht gut trocknen.
Abschließend können Sie den Bezug vorsichtig leicht bügeln, damit er schön glatt wird, und über ein Kissen ziehen.

Holzstecker im Naturlook

Material für 2 Stecker

- Holzsterne, ca. 1 cm dick, und Holzstäbe, ca. 14 cm lang (z.B. Packung von Hobbidee®)
- Dünner Golddraht
- Engelshaar in Gold
- Sternanis
- 2 Zimtstangen
- Satinband in Rot und Grün, 4 mm breit, je 70 cm lang

Stecken Sie die Stäbe in die vorgebohrten Sterne und malen Sie einen rot und einen gelb an. Verteilen Sie auf den Sternen die Zimtstangen und den Sternanis wie auf der Abbildung. Achten Sie darauf, dass Sie je einen Sternanis auf das Loch in der oberen Sternspitze legen. Befestigen Sie Anis und Zimtstangen, indem Sie die Sterne mehrmals unregelmäßig mit dem goldenen Draht umwickeln. Wickeln Sie das Satinband um die Sternspitzen (das rote um den gelben Stern und das grüne um den roten Stern) und binden Sie es unten vorne zu einer Schleife. Abschließend verteilen Sie einige Fäden goldenes Engelshaar um die Sterne.